소녀감성으로 재탄생한 주인공들을 만나러 떠나요.

애플호롱의
소녀감성
종이인형

어릴 적 누구나 한 번쯤은 보았을 동화 속의 소녀들,
기억에 남는 고전 명화 속의 아름다운 주인공들,
일상 속의 귀여운 친구들을 25가지 종이인형으로 만나보아요.
아무 생각 없이 오리고 즐기다 보면 나도 모르게 소녀감성이 되살아날 거예요.
아이도 어른도 이 시간만큼은 함께 즐겨 보세요!

종이인형을 즐기는 TIP

1. 처음에는 큰 덩어리로 여유 있게 자른 뒤, 외곽선을 따라 다시 꼼꼼하게 자르면 쉬워요.
2. 한 번에 모두 자르려고 하지 말고 조금씩 끊어서 자르면 편해요.
3. 배경색이 똑같은 종이인형들은 서로 옷을 바꿔가면서 다양하게 입힐 수 있어요.
4. 머리가 긴 종이인형은 어깨선을 따라 깊이 잘라주거나, 어깨 부분에만 칼집을 내어 옷을 끼워보세요.
5. 접히는 부분에 테이프를 붙여 주면 더욱 오래 사용할 수 있어요.

주의사항

가위와 칼을 사용할 때는 손을 다치지 않도록 조심하세요.
어린이는 꼭 어른과 함께 사용할 수 있도록 해주세요.

애플호롱의 소녀감성 종이인형

초판 7쇄 발행일	2022년 02월 15일
초 판 발 행 일	2017년 07월 10일
발 행 인	박영일
책 임 편 집	이해욱
저 자	애플호롱(박수현)
편 집 진 행	박소정
표 지 디 자 인	김지수
편 집 디 자 인	신해니
발 행 처	시대인
공 급 처	(주)시대고시기획
출 판 등 록	제 10-1521호
주 소	서울시 마포구 큰우물로 75 [도화동 538 성지 B/D] 6F
전 화	1600-3600
팩 스	02-701-8823
홈 페 이 지	www.sidaegosi.com
I S B N	979-11-254-3592-1[13630]
정 가	12,000원

이상한 나라의
앨리스

백조의
호수

알프스 소녀
하이디

백설공주

소공녀

빨간머리
앤

미녀와 야수

호두까기 인형

천사

악마

마녀

요정

뱀파이어

마릴린 먼로

로미오와
줄리엣

바람과 함께
사라지다

레옹과
마틸다

오드리
헵번

샐리의
데이트룩

사라의
가을코디

다혜의
데일리룩

아람이의
하루

라라의
옷장

소진이의
캠퍼스룩

현아의
스위트룩

어플호롱의 소녀감성 종이인형

풀 칠 면

풀 칠 면

풀칠면

풀칠면

어플흐롱의 소녀감성 종이인형